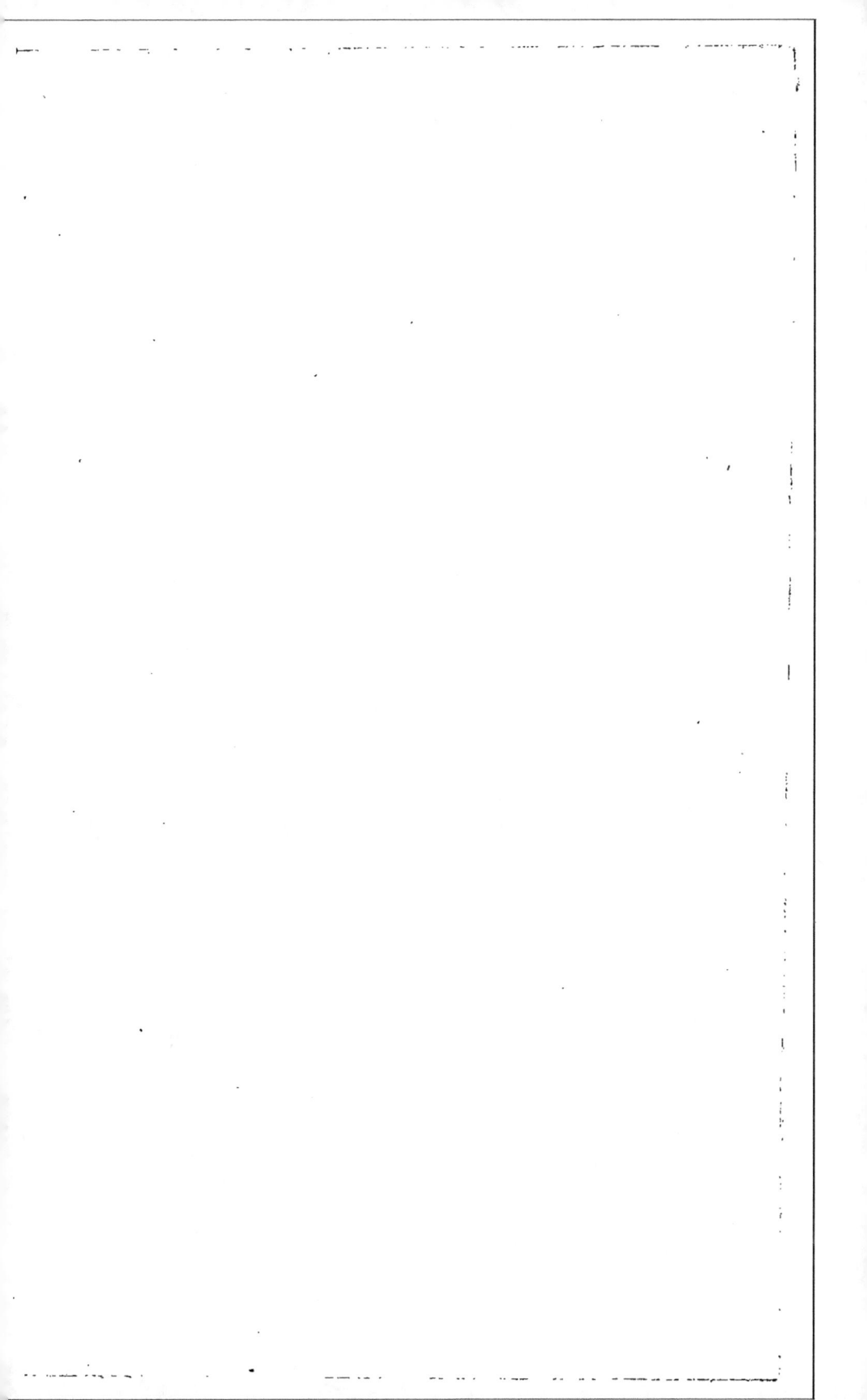

$L\bar{b}\ {}^{43}_{42}$

AU GOUVERNEMENT

PROVISOIRE.

*creé le 18 brumaire an 8
par bonaparte*

J. DE SALES,

MEMBRE DE L'INSTITUT NATIONAL,

AU GOUVERNEMENT

PROVISOIRE,

CHARGÉ

DE PRÉPARER LA LIBERTÉ DE LA FRANCE

ET LA PAIX DE L'EUROPE.

A PARIS,

Se trouve, maison de L'AUTEUR, rue de Varennes, n°. 655;
Et se vend chez GOUJON fils, Imprimeur-Libraire, rue
Taranne, n°. 737.

21 FRIMAIRE AN VIII.

AU GOUVERNEMENT

PROVISOIRE.

J'ai vu qu'un nouveau Gouvernement, instruit par les longuese rreurs de ceux auxquels il succédait, ainsi que par leurs revers, appelait de bonne foi les Peuples à la liberté, par les lumières; qu'il les faisait concourir au retour de l'harmonie, par cette modération qui, seule après l'avoir fait naître, la perpétue, et j'ai tenté de payer ma dette envers la Patrie, en publiant les bases d'un grand Ouvrage sur la politique universelle, que de beaux génies, qui valent mieux que moi, ont oublié d'exécuter.

Les lumières, pour imaginer une régénération, et la modération pour l'opérer, voilà les principes élémentaires du seul ordre de choses dont on puisse s'honorer auprès des siècles. Ces Principes se trouvent consacrés par la Révolution nouvelle : il

est tems que le feu sacré de la vraie Philosophie, caché sous la cendre depuis dix
ans, se rallume avec force, et que tout
Homme de Lettres, connu par quelque
influence sur l'opinion publique, se coalise
avec les régénérateurs, et empêche que les
fautes d'une génération ne soient perdues
pour celle qui doit la remplacer.

Membres éclairés et sages de ce nouveau
Gouvernement, je vous remercie, au nom
de la Patrie, de l'avoir tirée de la tutelle où
la retiennent, depuis dix ans, les Factieux
qui ont ôsé la déclarer en minorité.

Je vous remercie d'avoir, pour la première fois depuis dix ans, éclairé la France
sur la nullité de ces Constitutions, qu'un
Parti se donne pour en détrôner un autre;
de ces Constitutions contemporaines, qui,
n'ayant pas pour élémens la morale éternelle, semblent moins faites pour amener
au Bonheur, que pour justifier des crimes;
de ces Constitutions qui, fussent-elles, dans
quelques détails, l'ouvrage de la Sagesse
Suprême, n'offrant aucun génie dans l'en-
semble, ne sachant ni organiser des Pou-

voirs , ni les faire marcher sans secousses , encore moins faire concourir leurs discordes individuelles à l'harmonie générale , semblent jetées dans le moule de ces tissus fragiles de Lois, qui , suivant l'Antiquité Grecque, arrêtent des Insectes , et sont impunément déchirées par des Vautours.

Je vous remercie d'avoir, dans l'espace de quelques jours, délivré la France de deux de ses Lois les plus désastreuses , de celle de l'Emprunt Forcé , et de celle des Otages ; de ces Lois qui , en calomniant un Peuple libre, rendent la liberté suspecte aux hommes même les plus disposés à l'embrasser.

Je vous remercie aussi d'avoir amené un nouvel Ordre de choses , qui renverse toutes les idées reçues , qui dépopularise les Tribuns du Peuple, qui met le règne de la Raison à la place de l'empire de la Force, sans avoir répandu une seule goutte de sang, sans vous être permis aucun de ces actes arbitraires , qu'on appelle dans la langue de Machiavel , des *Coups-d'état* , mais qui , dans la langue philosophique, sont vraiment des *Conjurations* contre l'*Etat* , dont on

A 4

veut créer ou détruire le Gouvernement.

Et quand l'idée de mutiler, d'un seul coup toutes les têtes de l'Hydre de l'Anarchie, vous avait amenés un moment, à dresser des tables de proscription contre les artisans éternels de nos discordes, fléchissant bientôt sous le joug tutélaire de l'opinion publique, vous vous êtes hâtés de retirer une Loi qui compromettait votre énergie : vous avez reconnu que, dans aucun cas, le Souverain ne pouvait déférer à ses Représentans le droit de punir des coupables sans les juger : vous avez plus fait encore, par cet acte magnanime de déférence envers les lumières; vous avez laissé entrevoir dans l'avenir des tems heureux, où les délits d'opinion seront classés à part dans le Code des crimes; où le contrat, entre l'État et ses Membres, étant mieux défini, du moment que le perturbateur s'exilera lui-même, il échappera à la vengeance des lois ; où cet ennemi de l'ordre ne pourra abdiquer son droit de citoyen, sans que la Nation qu'il a méconnue n'abdique envers lui son droit de Souveraineté.

Je vous remercie enfin d'avoir, par quelques idées lumineuses échappées à vos tranquilles délibérations, préparé les esprits à une sage balance entre les Pouvoirs; d'avoir fait pressentir un mode infiniment ingénieux de rendre le Gouvernement robuste, sans le rendre oppresseur ; de lui donner assez de force pour le garantir de sa destruction, sans lui permettre le Machiavélisme, qui élude la loi, et sans l'investir de la puissance qui l'autorise à l'enfreindre.

Voilà de grands bienfaits sans doute, et l'enthousiasme ne peut que redoubler, quand on observera qu'ils sont l'ouvrage d'un petit nombre de jours de travail, qu'il a fallu moins de tems pour exécuter d'aussi grandes choses, que des génies vulgaires n'en auraient mis pour les imaginer.

Et moi aussi, je concourais en silence, et dans le secret du cabinet, à poser quelques faibles jallons dans l'immense désert, où vous vous proposiez de frayer des routes : je réunissais les fruits de quarante années de recherches dans la politique et dans l'économie sociale, pour sauver quelque jour à des Hommes-d'État, dignes de ce nom, les erreurs où l'habitude des préjugés, la lassitude des combats, sur-tout le défaut de ne pas voir assez en grand la nature humaine, ont entraîné la foule des Législateurs.

Je suis loin de m'associer, sans aveu, à des hommes, que la première des Nations de l'Europe a choisis pour la représenter ; de donner trop d'importance à des travaux solitaires, où l'ame a encore plus de part que le talent ; mais enfin, je suis Membre du seul Corps permanent de la République, de celui qu'on regarde comme la pensée du Gouvernement : je fais partie sur-tout de la Classe qui a, dans son département, l'économie politique et la législation : c'est à ces titres que je me permettais de jeter quelques idées sur la construction d'un Temple de la Liberté, qui ne serait plus désormais bâti sur le sable ; de porter suivant mes forces, dans les fondemens, quelques pierres destinées à un édifice, dont des hommes qui valent mieux que moi seraient les architectes.

Les annales de la Révolution Française

constatent qu'à l'époque où une Législature non moins faible que le Trône qui tendait à s'écrouler, abdiqua la toute-puissance, les Hommes de Lettres de toutes les Nations furent invités à concourir, de leurs lumières, au Code qu'on se proposait d'organiser ; cette invitation semblait de droit : car, dans tout ordre social, assez fort pour ne point craindre de surveillance, l'homme qui étudie les causes du mouvement politique est le Conseil-né de celui qui en calcule les effets pour l'action du Gouvernement ; quand même le premier ne serait point appelé individuellement à l'administration de la chose publique, il lui doit le tribut de ses connaissances ; il est à son poste, dans son cabinet, comme le magistrat, dans le Palais de la Justice, et le soldat, dans la guérite où le salut d'une armée le met en sentinelle.

Le concours de toutes les lumières, de quelque point de la France qu'elles émanent, est encore plus nécessaire dans la régénération du 18 brumaire, que dans toutes les révolutions partielles, qui, depuis la destruction du Trône, se sont succédées parmi

nous sans plan primitif comme sans fruit :
car, nos régénérateurs n'ont que quelques
mois pour organiser une Constitution que
la morale avoue, dont la raison s'enorgueil-
lisse, et qui prépare la liberté de la France
et la paix de l'Europe.

A toutes ces considérations, qui motivent
le tribut que j'ai la hardiesse de présenter
à la Patrie, s'en joint une autre qui a quelque poids, mais que je ne puis faire con-
naître, qu'après avoir jeté un coup - d'œil
rapide sur les causes qui ont amené notre
dernière insurrection.

Il y a dix ans que nous tentons les expériences les plus cruelles sur nous - mêmes,
pour arriver au chef-d'œuvre des Gouvernemens.

Ces expériences faites sans principes, ont
été sans succès : au lieu d'adopter pour guérir nos maux le Dictame d'Homère, nous
avons pris le scalpel de l'anatomie ; cette
mesure indiscrète a rallumé la fièvre dans
le corps politique, elle a appauvri en lui les
sources de la vie, et il a été vingt fois sur
le point d'expirer sous l'instrument qui devait guérir ses blessures.

Le vice radical de toutes les révolutions partielles, en sens contraire, qui ont été amenées par notre révolution primordiale, c'est que jamais elles n'ont été l'effet immédiat des lumières : jamais on n'a imaginé de faire succéder le règne des principes à la tyrannie des hommes : jamais en abattant les pouvoirs, soit légitimes, soit usurpateurs, on ne s'est avisé de raisonner son insurrection.

C'est presque toujours une doctrine perverse ou mal-adroite qu'on a substituée à des dogmes oppresseurs : une politique sans base qui a remplacé une politique prête à s'écrouler, une faction heureuse qui a détrôné une faction turbulente, pour être détrônée à son tour.

Dans l'absence des principes, le hasard des combats faisait la destinée de la France, et, par contre-coup, celle de l'Europe : on jugeait que le parti qui avait terrassé l'autre était le plus juste, par la raison qu'il avait triomphé, et la victoire plus puissante que la morale créait le crime ou la vertu.

Le vainqueur, dans ces luttes odieuses et

sanglantes , ne manquait jamais , en mon-
tant sur le trône populaire , d'annoncer que
la Patrie était sauvée.

Robespierre le disait en envoyant à l'é-
chafaud les Rhéteurs éloquens de la Gi-
ronde ; le Comité de Salut Public , en ordon-
nant le supplice de Robespierre ; les Ther-
midoriens , en dévouant à l'ignominie ou à
la mort les restes du Comité de Salut Public :
cette ironie cruelle (qu'on me pardonne ce
mot qui sort plutôt de ma logique que de
mon cœur) , a été répétée dans les luttes in-
décentes du Directoire et du Corps Légis-
latif ; c'est aussi pour sauver la Patrie que
les Représentans de la Nation , décimés le
18 fructidor , ont été déportés sous le ciel
brûlant et pestilentiel de la Guyane , et
que deux ans après les Législateurs insur-
gés ont destitué , en une seule nuit , la majorité du Directoire.

Pendant qu'on sauvait ainsi la Patrie , la
Patrie déchirée au-dedans par les Vendéens ,
menacée au-dehors par la coalition de l'Europe , minée lentement dans ses arts , dans
son commerce et dans son industrie , par

les réquisitions, les impôts désastreux et le
ver rongeur des banqueroutes nationales, ne
luttait contre les approches douloureuses
de la mort que par un reste toujours dé-
croissant d'esprit public, par le grand nom
de Bonaparte et nos victoires.

Au milieu de tous ces déchiremens qui
s'honoraient du nom de régénérations, que
devenait l'ami de l'harmonie générale, le
défenseur des principes, l'écrivain pacifique
qui voulait le bonheur de son pays et la paix
de l'Europe? il restait dans l'oubli volontaire
où le condamnait le despotisme Républicain, il brisait sa plume bienfaisante, et
aurait voulu faire divorce avec sa pensée :
car, depuis que la loi nous a fait libres, jamais les amis purs de la liberté, c'est-à-dire,
les ennemis de toutes les factions, n'ont
écrit impunément contre la faction dominante ; jamais, depuis que la liberté de la
presse a été consacrée solemnellement par
trois Constitutions, la presse ne s'est trou-
vée plus asservie ; jamais, en s'élevant contre
les Vandales, on n'a plus fait peser le sceptre du Vandalisme sur la personne des pen-
seurs et sur leurs ouvrages.

Heureusement les décrets des Omar n'ont pas anéanti toute la Bibliothèque d'Alexandrie : les Hommes de Lettres qui avaient une Patrie avant qu'on songeât à leur en créer une avec des Lois de Dracon, des Institutions d'Ostracisme et des bayonnettes, travaillaient en silence par des ouvrages aussi courageux que circonspects, à préparer contre toutes les tyrannies la seule insurrection dont l'esprit humain s'honore, l'insurrection paisible des lumières.

La République des Lettres, la seule des Démocraties qui marche sans Constitution, et qui peut-être n'en marche pas plus mal, renferme dans son sein un certain nombre d'écrivains distingués dont les ouvrages en ce genre approchent de leur terme ; mais ils les ont ensevelis dans leurs porte-feuilles, jusqu'à ce qu'ils puissent les publier sans danger pour eux, et sur-tout sans déchirement de la chose publique ; car le bien fait indiscrètement nuit quelquefois plus aux hommes que le mal même dont il est le remède.

Et moi aussi, comprimé comme eux sous l'empire

l'empire de la force , comme eux faisant taire une indignation, qui sans rallumer le courage éteint des hommes probes qui m'environnaient, compromettait leur repos, j'écrivais pour les générations à naître, et je tentais de me faire oublier.

Ce silence de l'Homme de Lettres, accoutumé à parler à l'opinion, cet oubli volontaire où il se condamne malgré la nature, qui dans les Républiques bien organisées l'appelle aux places, sont le sceau qui caractérise le dernier période de l'esclavage politique; et malheur aux États qui, comme la Rome des Tibère , ne s'apperçoivent pas de l'existence d'un Tacite, ne devinent pas la vengeance éternelle de ses *Annales!*

Mes rivaux, et je m'honore de dire mes maîtres, dans l'art d'écrire, ne tarderont pas , sans doute, à profiter de cette aurore du bien pour tirer de l'oubli leurs immenses travaux; mais ils craignent encore de perdre ce premier pas vers la restauration de l'ordre : déçus déjà tant de fois par de douces espérances, ils semblent redouter, comme Ixion, de n'embrasser que des nuages : pour

B

moi, plus rassuré par la nature du mouvement organisateur qu'on vient d'imprimer,
plus tranquille sur la réussite de cette révolution, qui, si elle est bien conduite,
sera la dernière, je me dévoue le premier à
la chose publique, j'ouvre la carrière aux
gens de Lettres qui atteindront le but avant
moi.

Il y aura bientôt quarante ans que j'ai
commencé des recherches pénibles et long-
tems infructueuses, pour tirer de la nature
de l'homme le fondement de la morale ; des
élémens de la morale, le principe des lois ;
et de la sage combinaison des lois organi-
ques, la chaîne quelquefois de nos droits,
et toujours de nos devoirs.

Ces recherches fondées sur l'histoire raisonnée du Globe, sur les monumens de génie, soit des Législateurs des peuples, soit
des Législateurs de cabinet, m'ont conduit
à faire dériver d'un faisceau de maximes
génératrices les lois naturelles, le droit des
Nations et la politique, immuable de droit,
quoique, par le fait, trop versatile des
gouvernemens.

Tels seraient, si mon plan était suivi, les élémens de ce code primitif, qu'ils pourraient s'amalgamer avec les mœurs de tous les peuples qui ont la conscience de leurs forces ; s'adapter à toutes les modifications du pouvoir, soit qu'il soit concentré sur une seule tête, soit qu'il se divise pour être plus tutélaire, et devenir peu-à-peu, grace aux conseils de l'homme de bien, étranger à tous les partis, et aux amendemens de l'expérience, l'évangile politique de l'Univers.

Ce travail, bien au-dessus de mes forces, n'était point au-dessus de mon courage; et j'ai osé rédige une partier de mes matériaux, vers l'époque où Mirabeau, le seul de nos factieux qui ait mérité sa renommée, déployait le plus grand talent, à faire desirer à la France sa longue anarchie.

Les tems, depuis l'Assemblée Constituante, sont devenus très-dangereux : il y a eu, sur-tout pendant sept ans, le plus grand péril à écrire ce que les Despotes pouvaient impunément oser : je n'ai point perdu courage ; j'ai continué mon livre en présence des délateurs, qui me fatiguaient de leur

surveillance, sous les yeux des Souverains
du jour, que, sans haîne contre leurs per-
sonnes je menaçais de dévoiler, et jusques
dans les prisons d'État, où les Satellites Ré-
volutionnaires venaient signaler leurs victimes. Cette sorte d'audace, qui, d'ailleurs,
honorait mon siècle, a eu tout le succès
que pouvait en attendre mon amour raisonné des hommes : aujourd'hui, mes ma-
nuscrits sont terminés en grande partie;
mais disséminés dans des mains fidèles, ils
braveraient, si le sceptre du despotisme ou
de l'anarchie devaient encore peser sur nous,
les recherches d'un Denis de Syracuse, ou
d'un Comité Décemviral; et si je mourais,
avant qu'un Gouvernement tutélaire me
permît, en se consolidant, de les réunir,
l'amitié les placerait imprimés sur la pierre
agreste de ma tombe, pour empêcher que
les perturbateurs, accoutumés à calomnier
leurs victimes, ne flétrissent ma mémoire.

J'ai cherché long-tems un moment heureux pour publier, du moins, quelques
parties isolées de ce grand ouvrage, et son-
der ainsi l'opinion publique, qui seule pou-

vait m'apprendre , si je devais le continuer
ou le livrer aux flammes : j'ai cru trouver
l'occasion favorable , à la fin de 1791 , lorsque la France presqu'entière était ivre de
son trône constitutionnel : je me suis bercé
de la même espérance , quand le parti Ther-
midorien promettait d'anéantir jusqu'aux
dernières traces de l'Anarchie Révolutionnaire : je me croyais encore plus sûr des
succès de mon zèle, à une époque que je
n'ose désigner , où une majorité d'hommes
probes dans les deux Conseils , composant
avec l'opinion générale qui se prononçait
avec vigueur, imagina un moment de con-
solider la République en la faisant aimer.
Malheureusement le Gouvernement, à toutes ces époques , ne se croyait pas assez fort
pour rétrograder, avec sûreté , vers la morale qu'on avait voulu anéantir; toutes ces
demi-mesures, pour sauver la patrie, furent
infructueuses , et je me vis toujours réveillé
dans mes songes platoniques , par un coup
de tonnerre.

Le dernier élan vers le bien public, dont
nous venons d'être les témoins , inspire ,

ainsi que je l'ai dit, plus de confiance : tout
annonce la stabilité d'un ordre de choses,
qu'une faction n'a pas fait naître : j'en crois
les vœux tacites des gens de bien qui le
préparaient, le grand nom du Héros qui l'a
dirigé, les pas de géant qu'a faits le Gouvernement provisoire pour reconcilier la
Nation avec le système de liberté, qu'on lui
avait fait haïr : voici le moment de ne plus
composer avec le pouvoir de la force, trop
long-tems souverain, de déchirer tous les
voiles, de dire toutes les vérités utiles; et
c'est ainsi que, Chevalier des principes, des
mœurs et des bonnes lois, je voudrais me
présenter armé de toutes pièces sur le champ
de bataille.

Il ne s'agit pas d'imprimer mon grand
ouvrage ; l'entreprise est au-dessus des forces d'un commerce anéanti ; d'ailleurs, c'est
à une grande Nation à le commander ; et,
malheur à elle, si elle ne le commande pas,
ou, plutôt, si par une régénération com-
plette, elle ne le rend pas inutile ! Mais
tout semblerait m'inviter, aujourd'hui, à
appliquer mes axiômes politiques, qui sont

de tous les tems, à l'ordre de choses peut-être momentané qu'on organise ; c'est le creuset qui ferait juger si l'or dont je veux faire une monnaie nationale, n'a pas trop d'alliage ; un petit nombre de mémoires, sur les bases du Gouvernement chez tout peuple qui veut être libre, opérerait ce but ; ce serait simplifier la marche des Régénérateurs dans leur ouvrage, ou m'éclairer, si je me trompais, sur le néant du mien.

Un pareil écrit, sur un sujet d'ailleurs dont je suis plein, et où les matériaux coulent de source, doit être d'autant plus rapide, qu'il manquerait son but, s'il se traînait jusqu'au tems où, par la sanction solemnelle donnée par le Souverain, au Code qu'on nous prépare, nous achèverions d'être légalement reconstitués : le bien public demande que je me rencontre, avec notre Gouvernement provisoire, sur la route de la vraie régénération, ou si, par hasard, je vois mieux, par la seule raison que je vois de plus haut, que je lui indique avant qu'il prononce, le mot qui renferme la solution de ce grand problème.

B 4

Tantôt, occupé dans ces mémoires de la grande famille des Êtres intelligens, tantôt circonscrivant ma plume dans l'enceinte des évènemens, dont nous sommes depuis tant d'années les témoins, quelquefois les admirateurs, et plus souvent les victimes, je voudrais, soit prémunir l'Europe contre le danger des systêmes sans base, soit tirer la France de la crise où le sommeil perfide des Factions la tient encore : Solon m'a fourni à cet égard des idées lumineuses, Solon qui, s'il avait pu léguer à Athènes son génie et son ame, comme il lui a légué ses lois, aurait fait, d'un petit coin du Péloponèse, le centre d'une République éternelle : c'est ma vénération pour ce grand homme qui m'autorise à lui faire hommage de tout ce qui serait digne de son nom dans mes Essais Politiques, et à leur donner pour titre : SOLON, OU, DE L'ART DE RÉGÉNÉRER LES PEUPLES LIBRES, PAR LES PRINCIPES.

Qu'il me soit permis, en annonçant un Ouvrage, où il y a peut-être quelque courage à se nommer, qu'il me soit permis, dis-je, contre mes principes bien connus, d'entretenir encore un instant nos Législateurs de moi : il importe à la cause sublime que je défends, qu'on n'accuse pas ma morale d'être en contradiction avec ma vie ; il m'importe, si je présente à la Patrie des Lois sages, qu'on ne dise pas, comme les Vieillards de l'antique Athènes : *il fallait les faire proposer par Aristide.*

Peut-être, au milieu de tant de plumes, faites pour éclipser la mienne, ai - je quelques titres pour être écouté avec quelque bienveillance, d'un Gouvernement qui a juré, par notre gloire, de ne nous régénérer que par les lumières, et qui, pour la première fois, depuis tant d'années d'agitations, tiendra son serment.

Ces titres sont dans le mode que j'ai adopté, en écrivant pour mes Contemporains, de ne voir que la Postérité devant moi, dans le soin que j'ai mis à faire toujours marcher collatéralement mon patriotisme et ma philantropie, sur-tout dans ma constance à ne jamais dévier de mes principes, quel que fût le Gouvernement qui pesât sur ma tête : ces titres, malgré les

Fanatiques des deux Régimes, qui m'ont accusé tour-à-tour de contradiction, parce que je dévoilais celles qu'ils réduisaient en système, sont inaltérables : ils sont consignés dans divers ouvrages, que l'indulgence publique a condamnés à une dangereuse célébrité.

Vieux Soldat de la Liberté, et couvert d'honorables blessures, j'ai écrit, il y a près de trente ans, sous le nom de *Philosophie de la Nature*, un livre qui préparait les voies à toute régénération dont le Sage n'aurait point à rougir : un Livre qui, malgré les nombreuses erreurs de l'inexpérience, avait le mérite de tirer du sein de la morale le germe de la Politique et de la Religion ; de fronder toutes les Sectes, d'éclairer tous les Machiavélismes, de conjurer, en silence, contre tous les Codes oppresseurs. Cette théorie, fière mais bienfaisante, se retrouve, avec toute sa pureté originelle, dans les Écrits que j'ai publiés depuis dix ans, pour empêcher mes concitoyens de faire calomnier, par leurs erreurs et par leurs crimes, le beau nom de République : elle respire dans les deux éditions de la *Philosophie du Bon-heur*, dans mes *Mémoires Académiques* pour l'Institut, et dans cette *Éponine*, que l'esclavage raisonné de la presse, depuis sept ans, m'a toujours éloigné de faire paraître, jaloux de ne point prostituer la fille de Platon à des regards perturbateurs qui souilleraient sa vertu.

Une autre considération ajoute à la confiance que mon travail peut inspirer : c'est que les mêmes principes m'ont fait persécuter sous deux Régimes contradictoires : les Tribunaux de Louis XVI m'ont puni d'avoir trop aimé la Liberté, et la Chambre Ardente du Gouvernement Révolutionnaire, de ne l'avoir pas aimée assez : ce qui ne prouve autre chose, sinon que mes premiers oppresseurs ne voulaient pas être libres, et que les seconds ne savaient pas l'être.

J'ajouterai un motif bien puissant, pour que les Factieux me pardonnent les erreurs qui peuvent m'échapper, et, ce qui est bien plus difficile, les grandes vérités qui tendent à rendre leur ambition inutile. Depuis près de quarante ans, que je parcours dans tous les sens la carrière littéraire, jamais le moindre fiel n'a empoisonné ma plume ; j'ai tonné contre les dogmes qui fomentaient les inimitiés publiques , sans me permettre de nuire en rien à mes ennemis, j'ai fait la guerre aux opinions perverses, et jamais aux hommes.

C'est sur-tout dans le chaos de nos Révolutions en sens contraire, que j'ai redoublé de tolérance : le mot d'*Aristocrate* a été pendant trois ans un signal de proscription, pour assassiner ses ennemis au nom de la loi, et dans les douze volumes de ma petite *République*, ce mot n'est pas prononcé une seule fois. Celui de *Royaliste* lui a succédé, et l'on peut juger, par les applications sans nombre qu'on en fait, du sens vague qu'on y attache : on a désigné sous ce nom, surtout depuis la coalition funeste des Rois de l'Europe , une foule d'hommes, ennemis par principes comme par caractère, et qui doivent être bien étonnés de se trouver réunis sous le même drapeau : on a fait des *Royalistes* de l'homme qui s'arme contre sa Patrie, comme de celui qui la sert, sans

la croire heureuse ; du transfuge, qui soulève l'Europe, et du citoyen tranquille sur
ses foyers, qui, dans sa vertueuse mal-
adresse, se surprend à aimer mieux le règne
de Trajan que celui de Danton, le despotisme tutélaire de Marc - Aurèle, que le
Proconsulat de Carrier, ou la tyrannie froide
et sanglante de Robespierre : on a même
flétri, de cette injure, inconnue jusqu'à nos
jours, l'homme de bien qui, en s'indignant
d'appercevoir le masque républicain sur les
conspirations de nos modernes Catilina,
voudrait enfin voir fonder sur les mœurs,
sur le respect des propriétés, et sur les intérêts de l'homme, la plus pure comme la
moins chancelante des Républiques : pour
moi, disciple paisible de Locke, qui n'a-
doptai, en aucun tems, la grammaire des
Sectes, soit politiques, soit religieuses, et
encore moins leur logique, jamais le mot
de *Royaliste* n'a souillé ma plume : j'ai
laissé ce petit machiavélisme aux prétendus
Hommes-d'État qui avaient des vengeances
personnelles à assouvir, et n'exerçant dans
mes Ouvrages que la plus paisible des Ma-

gistratures, je me suis contenté de partager mes concitoyens en deux classes, celle des amis de l'ordre, et celle des perturbateurs: de voir, dans les derniers, quelques têtes égarées à plaindre, et dans les autres, une foule innombrable d'individus à aimer.

J'ajouterai enfin, pour motiver l'impartialité que j'annonce, dans un moment où les dix-neuf vingtièmes de la Nation ont une opinion très - prononcée, j'ajouterai, dis-je, qu'ayant étudié, pendant quarante ans, le Pacte social, les Lois et la nature des Gouvernemens, je n'ai, sous aucun des deux Régimes, occupé de places: ainsi, mon caractère ne s'est jamais modifié d'après les circonstances : je n'ai pas été obligé d'accommoder ma pensée à la politique versatile des Gouvernemens: mon ame est à moi, et c'est d'après elle que j'oserai dire la vérité à des hommes, que l'habitude de la chercher, rend dignes de l'entendre.

Pour fixer, en dernière analyse, l'espèce de poids que mon Plan de régénération doit avoir dans l'opinion publique, je déclare que si, contre mon intention, il s'y glis-

sait quelques erreurs, dont le civisme pur
et éclairé eût raison de concevoir des al-
larmes, je m'empresse d'avance à les désa-
vouer. A Dieu ne plaise que je croye à
l'infaillibilité d'une doctrine, qui pourrait
contrister un seul homme de bien ! Le
courage, dans l'homme de guerre, consiste
à ne jamais reculer devant l'ennemi : mais
dans l'Homme de Lettres, il consiste à
reculer à propos devant le Patriotisme, la
Philantropie et la Vérité.

Il semblerait qu'en annonçant sous quel
point de vue se présente le *Solon* que
j'offre à mes contemporains, je devrais
avoir tout dit ; malheureusement je tourne
mes regards en arrière, et les fixant sur les
pages sanglantes de notre Révolution, des
souvenirs douloureux viennent tout-à-coup
amortir mon enthousiasme sur les grandes
choses qu'on nous prépare, et arrêter ma
plume sur le papier destiné à les trans-
mettre à l'Histoire.

Non que je me repente d'avoir eu bonne
idée de la nature humaine, sur-tout après
avoir été témoin de tout ce qui s'est passé

pendant le premier période de notre retour à la liberté et à la vie : alors les esprits
étaient doucement émus par le choix des
Administrateurs qu'on plaçait au gouvernail :
on jugeait, par ce qu'ils avaient fait pour
la Patrie, sous un ciel orageux, de ce qu'ils
feraient sous un ciel ami de l'homme et de
la nature ; et plein d'admiration, de ce que
le ressort affaissé de l'esprit public s'était
remonté tout d'un coup sans déchirement,
sans effusion de sang humain, chacun se
félicitait, comme lee Grecs dispersés du
Péloponèse, après le Déluge de Deucalion,
d'avoir enfin échappé au naufrage.

Mais un mois de sérénité, après dix
ans d'orages, ne semble qu'un faible ga-
rant du bonheur qui nous est promis : les
Navigateurs voient aussi luire de ces jours
rians sur les mers embrâsées des Tropiques.
Tout-à-coup un grain livide se montre sur
la montagne de la Table, aussitôt l'horison
se couvre de nuages, l'Océan se soulève,
et les vaisseaux qui voguaient sur la foi de
ce calme perfide, sont engloutis.

J'ai vu vingt Révolutions depuis 1789,
toutes

toutes s'exerçant en sens contraire, pour arriver au même but : toutes, parlant de paix pour avoir droit de faire la guerre ; toutes, préconisant la liberté pour conduire sûrement à l'esclavage ; toutes, menant par l'espérance de la vie aux angoisses de la mort.

L'Homme de Lettres toujours confiant, parce qu'il ne sait ni craindre, ni haïr, s'endormait bercé par ces brillantes espérances : il laissait courir sa plume au gré de sa vertueuse philantropie ; mais le mont de la Table était là, et son nom, inscrit sur une liste de proscription, venait lui apprendre que dans un Gouvernement mobile, on ne peut jamais être sûr d'avoir mérité de sa Patrie ou démérité d'elle, parce que le héros du jour n'est jamais assuré d'être le héros du lendemain.

Quelle sera donc la garantie du Citoyen isolé, soit contre les hommes, soit contre les évènemens, lorsque dans un nouvel ordre de choses, il viendra présenter l'olivier de la Paix à des Factions qui, toutes désarmées qu'elles paraissent, offrent encore

C

une attitude menaçante sur le champ de bataille; s'il y a toujours, au milieu d'elles, un foyer de discordes; si, plus disposées à conjurer qu'à s'éclairer, elles regardent comme leur ennemi le Médiateur qui les concilie, ou le Sage qui les sépare?

On n'a guères connu jusqu'ici, dans l'ordre social, que deux puissances qui pouvaient garantir à l'ami courageux de la Patrie, la propriété de sa vertu, c'est la force publique et la loi.

La force publique, depuis dix ans, n'a guères protégé que les Perturbateurs qui s'en emparaient; elle restait inactive dans les mains désarmées de Bailly et de La Fayette; elle assassinait les Français en masse et en détail, lorsqu'elle était dirigée par Marat et les héros du règne Décemviral; lorsque s'égarant sur les têtes qu'elle devait défendre ou faire tomber, au lieu de purger la France de ses tyrans, elle comblait de cadavres la glacière d'Avignon, les places publiques de *Commune Affranchie*, et la capitale de notre Colonie de Saint-Domingue.

Quand la force publique, une fois dispo-
sée à se pervertir, n'est plus qu'un instrument de guerre entre les mains des Gou-
vernans, il semble que l'homme de bien
isolé, qui ne brave pas les Factieux, mais
qui voudrait éteindre les Factions, devrait
trouver un reste d'appui dans la loi, dans
cette loi que la raison tranquille a donnée
au monde, pour rendre moins dangereuse
l'action de la force, et poser un frein aux
crimes du pouvoir.

Mais, je le demande à tout homme qui,
dans le naufrage de la morale publique, a
conservé sa bonne - foi, quel est l'instant,
depuis que nous nous disons libres, où la
loi a pu nous protéger, où elle a pu se protéger elle-même ?

Y avait-il des lois protectrices en France
sur la fin du règne de la Législature, lorsque
le Code de l'Assemblée Constituante, à
peine éclos, était déjà tombé en désuétude ;
lorsque tout pouvoir qui aurait tendu à être
tutélaire, n'aurait consolé aucun malheu-
reux, et se serait nui à lui-même ?

Y en avait-il dans cette longue anarchie

du Gouvernement Révolutionnaire, lorsque tout le monde était Souverain , excepté cette volonté générale qui constitue la vraie Souveraineté : lorsque la doctrine du nivellement étouffait la morale éternelle : lorsque la nature fléchissait devant les opinions politiques , lorsque la justice ne se présentait aux hommes que pour envoyer le génie et la vertu à l'échafaud ?

Y en a-t-il eu sous cette Constitution hétérogène de l'an 3, qui, toute pleine qu'elle était d'institutions sages, les a rendues inutiles, parce qu'elle n'a pas su régulariser la marche de ses pouvoirs : parce qu'elle a laissé à la force isolée une influence qu'elle ôtait à la force publique, parce qu'au lieu de contraindre son Gouvernement à être muet devant la loi , elle a réduit la loi à être muette devant son Gouvernement ?

Au moment que les Lois se taisent , toutes les fois que le citoyen vertueux les implore, et que la force publique ne protège que l'homme puissant qui ose les enfreindre, je demande quelle est la garantie des lumières, quand elles se trouvent en présence devant le pouvoir.

Je pressens la réponse de nos Régénérateurs : cette garantie, diront-ils, est dans
la justice même de la demande, dans
l'accord de tous les partis, depuis dix ans, à
faire de la liberté de la presse le *palladium*
de la République, dans la stabilité du nouvel ordre de choses, fondée sur l'esprit de
sagesse qui vivifie toutes les parties de l'Administration, et sur la loyauté bien connue
des Administrateurs.

Ces Régénérateurs, que je révère égale-
ment en masse et individuellement, me per-
mettront-ils de leur parler la langue de ce
Solon, que je veux mettre sous leur sauve-
garde : cette langue, si familière aux Répu-
blicains antérieurs à nous de vingt siècles,
et qui, ignorée de nos jours par le vulgaire
des hommes d'État, ne semble faite que pour
exprimer la doctrine secrette du vrai Philo-
sophe?

La justice de la demande isolée d'un Citoyen ne lui sert de garantie auprès de
l'homme qui gouverne, que quand il y a
dans un État des mœurs et des lois, et alors
même la demande est inutile ; car par-tout

C 3

où il y a un esprit public, et une obéissance raisonnée de tous les individus au pacte social, la machine politique marche, sans que les gouvernés s'occupent à surveiller l'action du ressort et le jeu des rouages.

L'accord de tous les partis, depuis dix ans, à faire de la liberté de la presse la première loi organique de nos trois Constitutions, n'a encore été pour nous que la plus frêle des garanties : il est bien démontré que depuis 1791, il n'a été permis d'écrire qu'en faveur de la faction dominante : cette liberté, pour les adulateurs des Souverains du jour, était de la licence, pour les amis de l'ordre et de la morale, c'était le néant ou l'abjection ; l'homme sans caractère, qui avait une plume vénale, arrivait à toutes les places, l'homme qui ne savait pas abdiquer son ame en mettant le pied sur le seuil du Gouvernement, n'avait en perspective que l'indigence, la déportation ou la mort.

Il reste donc à l'Homme de Lettres, pour garantie des efforts courageux qu'il fait afin de sauver la patrie, la stabilité d'un ordre de choses, fondée sur la sagesse de l'Adminis-

tration et la loyauté personnelle des Admi-
distrateurs.

Assurément personne n'a de plus hautes
espérances sur cette espèce de garantie que
moi : le silence que je romps, après m'avoir
fait oublier pendant tant d'années, cette adhésion publique à la Révolution du 18 brumaire, tout jusqu'à mon *Solon*, pour qui
je demande les droits de l'hospitalité Française, annoncent qu'à cet égard je n'ai point
d'arrière-pensée ; mais, dans l'état de crise
où nous sommes encore, mes espérances
sont-elles des certitudes, et quand elles le
deviendraient pour moi, en serait-il de
même de la masse des Gens de Lettres
probes et éclairés qui, placés plus loin que
moi du pied du volcan, et par cela même
moins à l'abri que moi de ses éruptions, ne
se trouvent pas aussi à portée de juger
que son cratère est sur le point de se re-
fermer ?

Observons que le Gouvernement tutélaire
qui veut nous régénérer, n'est qu'un Gouvernement provisoire, et que si l'éter-
nité, comme je n'en doute pas, est dans ses

C 4

plans, elle ne peut être dans ses moyens.

Observons que la Constitution qu'on va nous donner, et qui tiendra sans doute tout ce que nous promettent la vertu de ses auteurs, ainsi que leur raison mûrie par dix années de désastres, qui répondent à vingt siècles d'expériences, ob ervons, dis-je, que cette Constitution, malgré sa profonde sagesse, aura le d faut nécessaire d être une quatrième Constitution, qui en détrône trois autres, toutes nées du desir d'être mieux, toutes affermies par les sermens des peuples, et toutes solemnellement abrogées.

Observons enfin que cette nouvelle Constitution, fût-elle la rivale du beau Code Solonien, aura besoin de la sanction du Souverain pour la légitimer, du sceau du tems pour en faire germer les fruits, et de la longue prospérité de la France pour lui donner la stabilité d'une antique Religion.

Que conclure de ces observations, peut-être indiscrètes, que m'arrache l'amour raisonné de mon pays ? C'est que, pour le moment présent, il n'existe aucune garantie solide pour l'Homme de Lettres qui, fort de sa morale seule, proposerait des doutes raisonnés dans des opinions politiques, où jusqu'ici le Gouvernement n'a fait qu'affirmer : pour l'enthousiaste des belles institutions Grecques, qui voudrait régénérer avec des principes les Etats libres, qu'il est si commode de régénérer avec des lois de circonstances, des décrets d'Ostracisme, et des bayonnettes.

Les idées se pressent sous ma plume, mais je les repousse à mesure qu'elles se présentent : je dois me hâter d'arriver à mon but : je dois glisser sur le mal pour atteindre plutôt au remède.

Je demande à nos Régénérateurs s'ils se croyent assez forts, pour protéger un *Solon* qui solliciterait le titre de Citoyen Français, en professant les maximes suivantes dans sa vie privée et dans ses ouvrages.

Il n'y a que les principes qui fondent et qui conservent les bons Gouvernemens.

Ces principes sont antérieurs à la Souveraineté des Peuples, et au pouvoir représentatif des Législateurs et des Rois ; ils organisent et vivifient les États ; ils survivent à la dissolution des trônes et à la chûte des Républiques.

Ces principes sont liés à la théorie la plus simple qui puisse émaner de la raison humaine : c'est que l'Homme social n'a de devoirs à remplir que parce qu'il a une conscience : cette conscience est la clef de la morale, et en appliquant la morale à l'art de gouverner les Etats, on rencontre le secret de toutes les législations.

Les États libres, sont en dernière analyse les plus parfaits de tous, parce que c'est par les principes seuls qu'ils s'organisent et se régénèrent : mais à raison même de leur perfection, ils sont rares et marchent plus difficilement ; d'ailleurs leur existence ne dépend pas de la sagesse d'un code ou du génie d'un Législateur, mais des mœurs mêmes des Peuples : si, parmi les États qui ne sont pas constitués, on peut sans danger créer un gouvernement pour les hommes, dans les États libres, il est essentiel d'abord de créer les hommes pour le gouvernement.

La Liberté n'est pas l'appanage exclusif des Républiques ; elle peut entrer dans les élémens de tous les États , où le représentant du Souverain reconnaît la loi au-dessus de lui ; la Liberté subsistait dans Sparte , malgré le trône de ses Héraclides , et le despotisme de ses Éphores : elle vivifiait la Monarchie de Sabbacon et l'Empire de Marc-Aurèle : mais elle était anéantie dans Athènes , qui empoisonnait impunément Socrate et Phocion , et dans Rome République , qui sans le couteau du père de Virginie , n'aurait jamais expié l'opprobre d'avoir vécu dix ans sous la tyrannie Décemvirale.

Les principes qui fondent les États libres , ou qui les conservent , se manifestent quelquefois par des Constitutions , mais sans que celles-ci leur soient essentielles ; il est un mode plus simple de régulariser la marche d'un gouvernement libre , sans l'appareil fastueux d'un Code , dont il faut refaire à chaque instant les pages pour le rendre lisible aux siècles : mais ce mode ne peut être indiqué à des législateurs , tant qu'ils regarderont une Constitution comme l'unique *Palladium* des Républiques.

Un des principes fondamentaux du Code

social d'une Nation libre, c'est de maintenir l'harmonie avec elle-même, et avec les Puissances qui l'environnent.

Une République sagement organisée se maintient en harmonie avec les Puissances, en se renfermant dans les limites que semblent lui prescrire la nature ou les traités : en ne forçant pas impérieusement l'Europe à recevoir ses lois, quand elle ignore encore si son bonheur repose sur celles qu'elle se donne, en n'affectant pas pour ses opinions politiques ce qu'elle rougirait de demander pour son territoire, c'est-à-dire, la Monarchie universelle.

L'harmonie intérieure d'une République dépend de la manière dont elle applique la morale à sa politique et à sa religion.

Le premier principe de la morale politique est de ne reconnaître aucun ennemi né, dans les hommes que la loi soumet à l'action immédiat du gouvernement.

Quand l'homme est égaré par des opinions, il faut frapper avec force l'erreur qui désorganise les États, et ne combattre l'homme qu'avec les armes de l'opinion publique avec les lumières.

Malheur aux hommes d'Etat qui ne croient pouvoir déraciner les opinions qu'ils croyaient dangereuses, qu'en abattant l'homme avec l'arbre sous lequel il repose ! D'ailleurs, il n'y a pas de génie à faire briller le fer, pour protéger des lois dont on pressent la nullité : mais il y en aurait beaucoup à faire des lois si amies de l'homme qu'elles rendraient inutile le fer, qui quelquefois le punit, et plus souvent l'assassine.

Si l'individu n'est jamais censé l'ennemi né d'un gouvernement qui s'honore du nom de libre, à plus forte raison les Castes qui s'élèvent sous les auspices de la loi, ou à son insçu, dans son sein : un État n'est point libre quand il est servi par des Ilotes ou par des Parias, mais quand il change ces Ilotes et ces Parias en Spartiates : il n'est point libre, lorsque la crainte de ses vengeances arrache la Patrie du cœur de ses transfuges, mais lorsque ses transfuges abjurent leurs délits, en devenant citoyens.

De cette morale, appliquée à la poli-

tique, il résulte qu'il faut écarter les règles
d'une justice trop sévère, des délits qui
naissent des erreurs d'une Révolution : parce
qu'alors les têtes sont bien plus coupables que
les cœurs, parce que le nom de Patrie retentit
avec une franchise égale dans la bouche
qui loue cette Révolution comme dans celle
qui l'outrage, parce que d'ordinaire il n'y a
de crime pour la multitude qu'après la dé-
faite, et de vertu qu'après la victoire.

La Morale appliquée à la Religion, sup-
pose un Culte quelconque, qui serve de frein
aux délits secrets que la loi ne peut atteindre, et qui enchaîne à-la-fois le Peuple
et le Gouvernement.

Cette Morale religieuse entraîne une au-
torisation illimitée pour tout Citoyen, de
dresser comme il lui plaît les articles du
contrat qui le lie avec l'Ordonnateur des
Mondes, soit que ce contrat émane de la
raison éclairée des Sages, soit qu'il émane
de cette sensibilité aveugle qui sert de raison
à la multitude.

Le Gouvernement, en tolérant tous les
Cultes qui ne sont pas essentiellement per-

turbateurs, en doit adopter un pour lui,
qui ait ses Temples particuliers, ses Pon-
tifes et ses Cérémonies : les Archontes
d'Athènes, le Sénat de Rome avaient un
Culte public, au plus haut période de leur
gloire et de leurs lumières : un Gouvernement qu'on soupçonne d'Athéisme, tue la
Morale dans les gouvernés, et semble par-
là les délier de leur obéissance.

Tout Ministre des Autels, qui, en parlant
aux Peuples qu'il console, se contente d'être
un Magistrat de morale, semble un demi-
Dieu sur la terre, qu'on n'opprime que
par la plus inepte des tyrannies : quant à
ceux que l'intolérance a rendus perturbateurs, la saine politique ne veut pas qu'on
oppose, pour les combattre, le fanatisme
du civisme au fanatisme de la Religion ; il
faut éclairer des aveugles, surveiller des
malveillans, et ne proscrire personne.

Tel serait, à quelques égards, l'esprit
avec lequel Solon tenterait de régénérer
une Répubique.

Si ce Solon n'a pas des principes trop
étrangers à l'ordre de choses qu'on nous

prépare, ne semblerait-il pas digne de la haute sagesse de notre Gouvernement provisoire, de rassurer la France et l'Europe contre de nouvelles secousses, inséparables d'un état constant d'action et de réaction, en donnant avec solemnité deux actes de garantie, que réclament à la fois les gens de lettres et les gens de bien.

La première de ces garanties et la plus importante, serait de déclarer avec solemnité, d'après quels principes on se propose de nous régénérer : si ces principes sont amis de l'homme, ils seront en harmonie avec les vœux de la France et les intérêts raisonnés de toute l'Europe.

Alors, peu importe le tems qu'on mettra à coordonner toutes les parties de notre Constitution nouvelle, à la discuter, à la soumettre à la sanction du Souverain : du moment que les bases en seront la philantrophie, la morale et les lumières, elle acquerra, en un instant, une vieillesse de quarante siècles : elle sera de niveau, pour la stabilité, avec le Code de Lycurgue, les Lois de la Chine, ou les Douze Tables.

L'effet

L'effet sera le même par rapport aux Rois, qui de tous les points de l'Europe s'agitent pour troubler notre repos : car, ils sont bien plus en guerre avec nos principes qu'avec notre Gouvernement ; et, du moment que ces principes cesseront d'être conspirateurs, ils nous offriront la paix, cette paix sans laquelle les Sages qui sèment les germes des bonnes Lois, ne recueillent que des haînes, des discordes et la mort.

De cette garantie résulte naturellement celle d'une liberté illimitée de la presse pour tout Homme de Lettres, qui, dévoré de l'amour de son pays, se présente devant les perturbateurs avec des principes, n'oppose à leurs tables de proscriptions que des prin-cipes, ne veut régénérer les États qu'avec des principes : une liberté pareille est rare-ment dégradée par la divergence des opi-nions : car, ce n'est pas avec de froides spé-culations, c'est avec un enthousiasme dé-sorganisateur qu'on bouleverse le monde ; *Catilina*, *Marat* et *Danton* parlaient la langue du Peuple, pour tout embrâser au-tour d'eux : *Solon*, *Confucius* et *Marc-*

D

Aurèle parlèrent aux Sages la langue des principes, pour créer une Patrie à des hommes qui n'en avaient point, ou pour la régénérer.

Cette double garantie servirait à réunir sous le même drapeau, cette foule immense d'Administrateurs, qui combattent de tous les bords en faveur de la liberté, sans savoir la définir et sans pouvoir s'entendre.

Elle rallierait à l'ordre de choses actuel, ces Hommes de Lettres isolés, qui de tous les points de la France brûlent d'être libres, à la fois, de droit et de fait, et qui pouvant correspondre avec l'Europe par la langue des principes, s'empresseraient de concourir, de leurs lumières, à la propagation du nouvel Évangile.

Elle ajouterait (et j'ose le dire, sans crainte d'être désavoué), de nouveaux motifs à l'adhésion solemnelle de l'Institut National de France ;

De cet Institut, accoutumé à parler à l'opinion publique, et à ne lui jamais parler en vain ;

De cet Institut qui, au milieu des guerres d'opinion, obligé de céder à la force, n'a

point obéi au Despotisme, qui , ne pouvant
éclairer la politique , s'est jeté tout entier
vers les sciences de fait, et entraîné , malgré
lui , dans les positions les plus délicates , a
su allier sa conscience avec sa circonspec-
tion , sans troubler inutilement l'ordre éta-
bli , et sans compromettre sa dignité ;

De cet Institut qui , à quelques noms près
des anciennes Académies, que sa gloire réclame , et qu'elle ne réclamera pas vaine-
ment , semble renfermer , dans son sein ,
l'élite dans tous les genres de tous les hommes
de la France, chers aux Sciences exactes,
anx Arts, et à la Littérature.

De cet Institut enfin, qu'une haîne im--
puissante honore par ses Satyres (1), tandis

---

(1) Il y a longtems que j'ai imprimé moi-même
que le nom d'Institut ne valait pas celui d'Académie ;
que la division de ses Classes et de ses Sections
n'était pas exacte, qu'il n'y avait pas assez d'ho-
mogénéité dans ses réunions ; mais je l'ai dit avec
décence, sans blesser ni la République politique ,
ni la République des Lettres. Le fonds de cette
institution quoiqu'en dise la critique, est excellent;

que ses membres continueront encore long-
tems à l'honorer par leurs Ouvrages.

---

et quant aux petites réformes que la raison réclame,
elles sont du ressort d'un réglement intérieur, où
il me semble que ni le public, ni la loi ne doivent
intervenir.

F I N.

De l'Imprimerie de Goujon fils, rue Taranne, N°. 737.

www.ingramcontent.com/pod-product-compliance
Lightning Source LLC
LaVergne TN
LVHW022143080426
835511LV00007B/1239